HOTEL DROUOT, SALLE N° 11

Les Jeudi 24 et Vendredi 25 Janvier 1895

A DEUX HEURES UN QUART

BIJOUX

ARGENTERIE ARTISTIQUE & de TABLE

Marbres, Bronzes, Porcelaines, Faïences

MEUBLES ANCIENS ET DE STYLES

TRÈS IMPORTANT SERVICE EN VIEUX CHINE

TABLEAUX

Dessins, Aquarelles, Miniatures, Gravures

Par le ministère de **Mᵉ G. DUCHESNE,** Commiseaire-Priseur

6, Rue de Hanovre, 6

Assisté de :

M. A. BLOCHE	**M. A. REINACH**
EXPERT	EXPERT
28, rue de Châteaudun	17, rue Drouot

EXPOSITION PUBLIQUE

Le Mercredi 23 Janvier 1895, de 2 h. à 6 h.

CONDITIONS DE LA VENTE

Elle sera faite au comptant.

Les Acquéreurs paieront CINQ POUR CENT en sus des enchères.

Aucune réclamation ne sera admise une fois l'adjudication prononcée.

Paris. — Imp. artistique E. Ménard & Cie, 8, rue Milton

BIJOUX

1 — Beau bracelet orné d'un saphir cabochon et de diamants.

2 — Bracelet chaîne en or et perles fines.

3 — Paire de boutons perles fines entourées de brillants.

4 — Paire de boutons d'oreilles deux brillants.

5 — Deux boutons montés à vis en or et perles fines.

6 — Broche barette quatre émeraudes, trois brillants.

7 — Bague émeraude avec entourage brillants.

8 — Bague saphir cabochon entouré de brillants.

9 — Bague jumelle en or ornée d'une perle fine et d'un brillant.

10 — Bague perle fine entre deux brillants.

11 — Jolie bague marquise turquoises et perles fines.

12 — Médaillon en or avec nicolo au chiffre M en roses.

13 — Broche forme coquille en or ornée d'une perle fine et d'une bête à bon dieu.

14 — Broche ronde en or avec deux trèfles en perles fines et diamants.

15 — Montre de dame en or émaillé ornée de roses et inscription « Souvenir » mouvement à cylindre.

16 — Epingle de cravate ornée d'un brillant.

17 — Epingle de cravate avec perle fine.

18 — Epingle à cheveux en écaille à fleurs de lys émaillé et orné de diamants.

19 — Croix en or avec perles fines.

20 — Epingle montée d'un gros brillant ancien.

21 — Deux boutons de manchettes.

22 — Sept épingles cuivre doré, ornées de perles fines.

23 — Bracelet en or avec mouche en œil de chat et roses.

24 — Broche ronde formée d'un gros œil de chat entouré de brillants.

25 — Broche de fantaisie, brouette en or avec oiseaux et fleurs en roses et perle.

26 — Bracelet gourmette argent.

27 — Montre de dame or remontoir.

28 — Montre à remontoir argent niellé.

29 — Montre à remontoir métal et argent avec incrustations.

30 — Canne jonc pomme argent doré.

31 — Canne jonc pomme argent.

32 — Epingle de robe ornée d'une turquoise et de deux brillants.

33 — Broche trèfle ornée de trois perles fausses et neuf brillants.

34 — Broche marguerite petit rubis, brillant et roses.

35 — Broche or avec feuilles émaillées perle et roses.

36 — Bracelet chapelet orné de douze perles fines.

37 — Bague fil or avec une perle fine.

38 — Epingle avec perle fine.

39 — Paire de boucles d'oreilles à vis avec perles fines.

40 — Paire de petits solitaires en brillants.

41 — Trois boutons de chemises en perles fines.

42 — Peigne en écaille blonde orné de onze brillants.

43 — Châtelaine ornée de roses avec montre pavée de roses.

44 — Paire de boutons de manchettes en or enrichis de roses.

45 — Bague marquise ornée de quinze brillants.

46 — Epingle à chapeau or et perles.

ARGENTERIE

47 — Joli service à thé en argent ciselé à guirlandes de fleurs, style Louis XVI, composé de : une théière, une cafetière, un sucrier, un pot à lait et un plateau.

48 — Aiguière et son bassin ovale en argent ciselé.

49 — Cafetière forme bouillotte en argent.

50 — Ecuelle avec plateau et couvercle en argent ciselé à guirlandes de feuillages, style Louis XVI.

51 — Jolie poudrière en argent ciselé et repercé, style Louis XV.

52 — Porte-huilier en argent ciselé et ajouré, époque de la Restauration.

53 — Service à sel, poivre et moutarde portés par trois petits chats dans une manne.

54 — Réchaud à fers en argent.

55 — Deux bougeoirs de voyage.

56 — Timbale en argent.

57 — Moutardier en porcelaine monté en argent et sa cuiller.

58 — Porte-salière trépied à tête d'aigle, époque de l'Empire.

59 — Passoire en argent.

60 — Quatre jolis plats ronds en argent aux anciens poinçons de Paris.

61 — Six jolis coquetiers à trépied avec leurs plateaux en argent à côtes tournantes et à ornements rocailles ciselés.

62 — Deux petites coupes en argent ciselé à fleurs, feuillages et rocailles.

63 — Petite bouillotte en argent.

64 — Coquetier à côtes tournantes unies, alternées avec d'autres ciselées à fleurs.

65 — Joli moulin à poivre, argent, style Louis XV à côtes tournantes.

66 — Petite boîte en forme de niche à chien en argent.

67 — Salière et poivrière en forme de coq et poule en argent.

68 — Deux salières en forme de hibou en argent.

69 — Flacon de poche en argent.

70 — Quatre pièces en argent : Poivrière de voyage, boîte à allumettes, lampe à esprit de vin et boîte formant deux bougeoirs de voyage.

71 — Coupe en forme de cygne en argent.

72 — Lampe forme fleur en argent.

73 — Cassolette forme vache en argent.

74 — Porte-monnaie forme fer à cheval en argent.

75 — Encrier forme d'oignon en argent.

76 — Poivrière forme arrosoir en argent.

77 — Quatre pinces à sucre forme passoire en argent.

78 — Cassolette en argent forme porte-monnaie.

79 — Boîte à allumettes et loupe-bijou argent, forme palette.

80 — Cuvette ovale, argent ciselé.

81 — Deux salières ou coupes ovales, argent ciselé, anses à cols de cygne, époque de la Restauration.

82 — Cuiller à sucre en poudre, en argent ajouré.

83 — Petit sucrier en cristal, monture en métal argenté avec plateau et pince à sucre.

84 — Petite pendule à deux colonnes en argent ciselé avec inscription : *Souvenir Peter Hauzendorfer in-Gratz*, 1837.

ARGENTURE

85 – Deux porte-rôties avec saliières, poivrières et moutardiers.

86 — Deux cendriers forme poisson et un presse-papier, forme porte-veine.

87 — Enveloppe à bouteille en métal argenté.

88 — Petit flambeau.

89 — Écritoire en métal argenté.

90 — Sonnette en métal argenté et gravé.

SCULPTURES

91 — Marbre blanc : *Beau buste de* Mme *du Barry*, d'après Pajou.

92 — Marbre blanc : *Beau buste de Mme Élisabeth*, d'après Dumont.

93 — Marbre blanc : *Le Sommeil*, buste par Carrier-Belleuse.

BRONZES

94 — Pendule en bronze partie doré représentant une figure drapée tenant un livre et accoudée sur socle-bibliothèque. Cadran portant le nom de RAVRIO.

95 — Garniture de cheminée en bronze, partie doré et marbre composée de : une pendule et deux candélabres.

96 — Deux flambeaux Louis XVI en bronze ciselé et argenté.

97 — Brûle-parfums en bronze japonais, dragon supportant une boule percée à jour, surmonté de deux figurines, posé sur un socle finement ciselé.

98 — Bronze de BARYE : *Lion des Tuileries.*

99 — Bronze de BARYE : *Panthère au cerf.*

100 — Service complet de fumeurs en cloisonné japonais.

PORCELAINES

OBJETS DIVERS

101 — Très beau service de table en ancienne porcelaine de Chine décorée en émaux de la famille rose et de la famille verte composé de : 15 assiettes à potage, 25 assiettes plates, 40 assiettes à dessert, 8 plats, 4 compotiers, 1 soupière, 2 légumiers, 3 saucières et 2 cuillers à sucre.

102 — Joli seau en ancienne porcelaine de Sèvres pâte tendre, décor à fleurs, anses à feuilles de chou.

103 — Sucrier en ancienne porcelaine, décor à fleurs et médaillon avec inscription : *Remenber, octobre* 1805.

104 — Cassolette en vieux Chine, monture en cuivre.

105 — Vase en faïence de Pesaro.

106 — Buire en faïence de Florence.

107 — Coq en faïence de Pesaro.

108 — Coupe en faïence de Venise.

109 — Applique en faïence de Savone.

110 — Deux buires en faïence de Pesaro.

111 — Deux vases en porcelaine de Kioto.

112 — Deux plats en même porcelaine.

113 — Coffret en porcelaine d'Allemagne.

114 — Statuette en ivoire sculpté : *Femme tenant une corbeille de fleurs*.

115 — Assiette en porcelaine de Vienne : Sujet mythologique.

116 — Miniature rectangulaire sur ivoire, représentant *l'Impératrice Joséphine assise dans le parc de la Malmaison*, d'après Prud'hon.

117 — Miniature ronde sur ivoire : *Portrait de la marquise de Coulanges.*

118 — Miniature rectangulaire, représentant *la princesse de Lamballe,* avec coiffure enguirlandée de roses.

119 — Miniature représentant : *Jupiter et Junon.*

120 — Vase en étain : libellule.

121 — Pichet en étain.

122 — Six porte-tasses vermeil, style Empire.

123 — Jardinière en porcelaine décorée.

124 — Porte-pelles et pincettes en cuivre.

125 — Mandoline écaille avec inscrustations de nacre.

126 — Quatre porte-verres en métal argenté.

127 — Cinq potiches et cornets en faïence de Delft.

MEUBLES

128 — Meuble de salon en palissandre et marqueterie de citronnier recouvert en tapisserie au petit point à bouquets de fleurs sur fond gris, composé de : un canapé et deux coussins, six fauteuils et six chaises, époque de la Restauration.

129 — Bahut Louis XIII en bois sculpté, montants à pilastres avec têtes d'anges, le panneau central offrant une figure ailée tenant une corbeille de fruits au milieu de rinceaux et feuillages.

130 — Devant de coffre en bois sculpté Renaissance.

131 — Deux statues d'anges en adoration, vieux chêne sculpté, XVIIe siècle.

132 — Armoire ancienne en bois sculpté.

133 — Grande armoire normande en chêne sculpté.

134 — Autre armoire normande en chêne sculpté.

135 — Armoire ancienne en prunier.

136 — Banquette Louis XIV.

137 — Meuble indien.

138 Jolie table de service avec tablette à crémaillère.

139 — Deux torchères en bois sculpté, travail italien.

140 — Lit de repos en bois sculpté et peint, époque Louis XVI.

141 — Commode Louis XV, forme cœur en marqueterie de bois.

142 — Bureau secrétaire Louis XVI.

143 — Table à ouvrage Louis XVI en marqueterie.

144 — Table console en bois peint.

145 — Vitrine en marqueterie de bois, style Louis XVI.

146 — Beau chevalet à double face en palissandre.

147 — Piano en bois noir.

148 — Lit garni d'étoffe.

149 — Divan de fantaisie.

ÉTOFFES

150 — Bande en soie rouge brochée argent.

151 — Chasuble ancienne.

152 — Dessus de table en imitation tapisserie,

TABLEAUX

AUDIBERT (Henri)

153 — *Fleurs, oiseau et serpent.*

ANIBAL CARRACHE

154 — *Le Baptême de Jésus-Christ.*
Composition importante.

COROT (Genre de)

155 — *Paysage.*

FRANCK (Genre de)

156 — *Festin.*

GUILLAUME (E.)

157 — *Vue du lac de Saint-Mandé.*

L'ECUYER

158 — Nature morte : *Volailles et légumes.*

MARILHAT (attribué à)

159 — *Paysage oriental. La Caravane au repos.*

MOLINS (A. de)

160 — *Promenade au bois.*

POUSSIN (École de Nicolas)

161 — *Les bains de Caracalla.*
Importante composition.

RAIMBAULL (A.)

162 — *Vue de la Méditerranée.*

RUBENS (d'après)

163 — *Scène de l'histoire ancienne.*

TENIERS (École de)

164 — *Paysage avec figures aux abords d'un village.*

TITIEN (Vecellio) attribué à

165 — *La Création de l'homme.*

Tableau important.

VAN DYCK (Antoine)

166 — *Le Christ en croix.*

ÉCOLE ANCIENNE

167 — *Christ panthéiste.*

ÉCOLE ESPAGNOLE

168 — *Paysan prenant une prise de tabac.*

169 — *Vieille femme portant un panier d'œufs.*

ÉCOLE FRANÇAISE

170 — *Portrait de jeune femme.*

ÉCOLE HOLLANDAISE

171 — *Paysage, entrée de forêt.*

ÉCOLE ITALIENNE

172 — *Judith et Holopherne.*

Tableau important.

ÉCOLE MODERNE

173 — Nature morte : *Corbeille de fruits renversée.*

ÉCOLE MODERNE

174-175 — *Vases ornés de fleurs.*

Deux pendants.

176 — Photogravure sous verre : *Little Jack Horner*, de J. Van Beers avec dédicace.

177 — Objets omis.

www.ingramcontent.com/pod-product-compliance
Ingram Content Group UK Ltd.
Pitfield, Milton Keynes, MK11 3LW, UK
UKHW032035260826
14628UKWH00006B/2970

9 782329 546506